目　录

学习工作单 1

课程：________ 姓名：________ 班级：________ 日期：________

	学习项目：________ 学习任务：________	车　型：________ 总成型号：________

（一）自我评价

1．通过本学习项目的学习你是否已经掌握以下问题：

（1）汽车制动系统作用与组成是什么？

（2）制动系统的要求是什么？

（3）汽车上常见制动系统的类型？

（4）简述制动系统的工作原理？

2．通过摩擦产生制动的原理，是否可以设想其他简单、环保、实用的制动系统？

3．归纳制动系统的适用车型与区别。

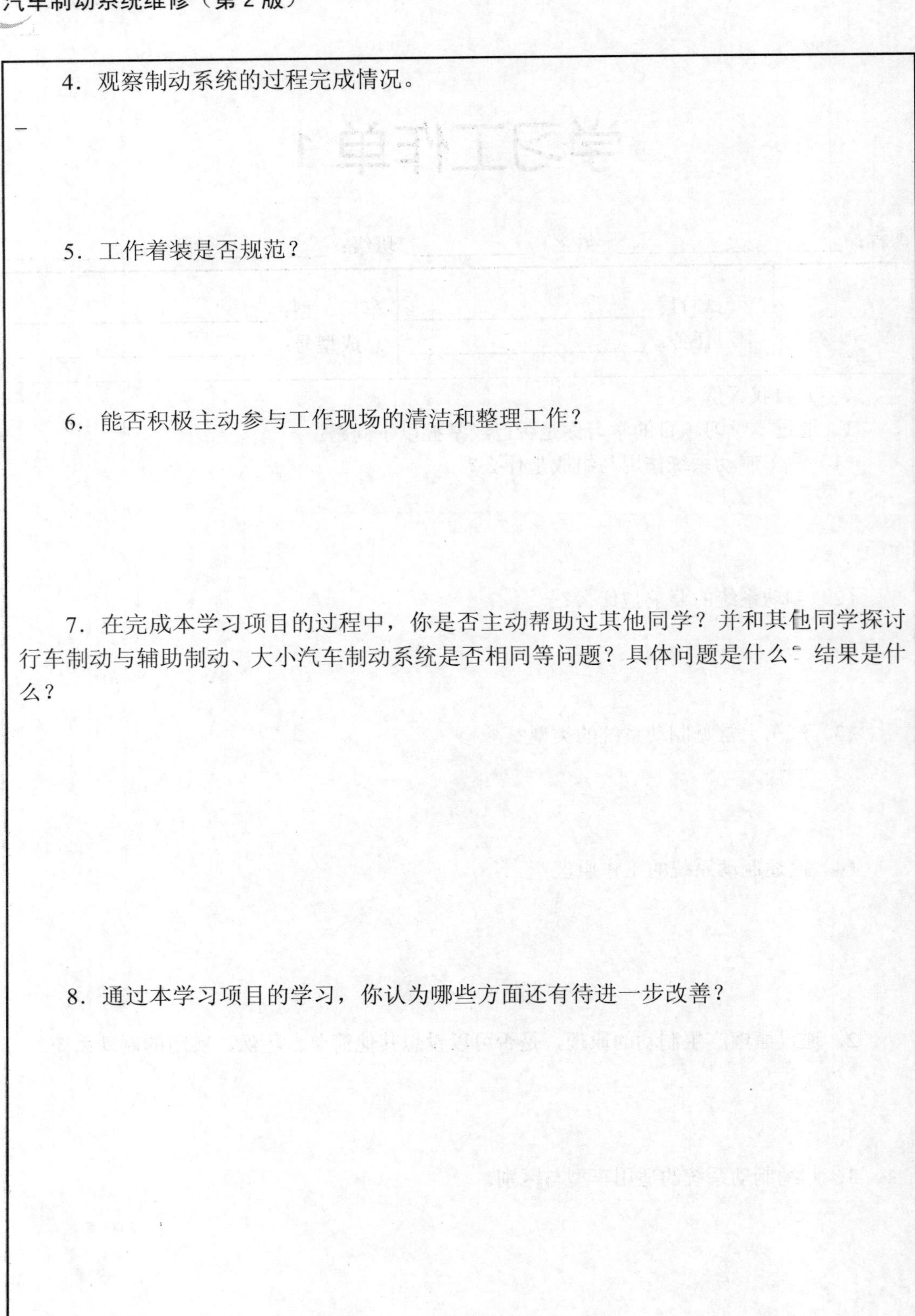

4．观察制动系统的过程完成情况。

5．工作着装是否规范？

6．能否积极主动参与工作现场的清洁和整理工作？

7．在完成本学习项目的过程中，你是否主动帮助过其他同学？并和其他同学探讨行车制动与辅助制动、大小汽车制动系统是否相同等问题？具体问题是什么？结果是什么？

8．通过本学习项目的学习，你认为哪些方面还有待进一步改善？

（二）小组评价

序号	评价项目	评价情况
1	学习态度是否积极主动	
2	是否服从教学安排	
3	是否达到全勤	
4	着装是否符合要求	
5	是否合理规范地使用仪器和设备	
6	是否按照安全和规范的规程操作	
7	是否遵守学习、实训场地的规章制度	
8	是否积极主动地和他人合作、探讨问题	
9	是否能保持学习、实训场地整洁	
10	团结协作情况	

参与评价的同学签名：________________ ____年___月___日

（三）教师评价：____

____。

教师签名：__________ ____年____月____日

学习工作单 2

课程：________________ 姓名：__________ 班级：__________ 日期：__________

	学习项目：________________ 学习任务：________________	车　　型：________________ 总成型号：________________

（一）自我评价

1．通过本学习项目的学习你是否已经掌握以下问题：

（1）制动踏板位置为什么要检查？

（2）调整制动踏板位置的具体步骤如何？

（3）制动液的种类与添加更换的重要性？

（4）制动系统中排除空气的步骤？

2．制动系统常规检查项目归纳。

3．检查本次项目的完成情况。

4．工作着装是否规范？

5．能否积极主动参与工作现场的清洁和整理工作？

6．在完成本学习任务的过程中，你是否主动帮助过其他同学？并和其他同学探讨制动踏板变化、制动液减少等问题？具体问题是什么？结果是什么？

7．通过本学习项目的学习，你认为哪些方面还有待进一步改善？

（二）小组评价

序号	评价项目	评价情况
1	学习态度是否积极主动	
2	是否服从教学安排	
3	是否达到全勤	
4	着装是否符合要求	
5	是否合理规范地使用仪器和设备	
6	是否按照安全和规范的规程操作	
7	是否遵守学习、实训场地的规章制度	
8	是否积极主动地和他人合作、探讨问题	
9	是否能保持学习、实训场地整洁	
10	团结协作情况	

参与评价的同学签名：________________________　　____年___月___日

（三）教师评价:____

____。

教师签名：__________　　_____年____月____日

学习工作单3

课程：＿＿＿＿＿＿ 姓名：＿＿＿＿ 班级：＿＿＿＿ 日期：＿＿＿＿

	学习项目：＿＿＿＿＿＿ 学习任务：＿＿＿＿＿＿	车　　型：＿＿＿＿＿＿ 总成型号：＿＿＿＿＿＿

（一）自我评价

1．通过本学习项目的学习你是否已经掌握以下问题：

（1）车轮制动器的结构与类型有哪些？

（2）制动器的工作原理（盘式和鼓式）？

（3）鼓式车轮制动器如何调整？

（4）盘式车轮制动器如何检查与调整？

2．通过具体车型，讨论汽车的车轮制动器的应用情况，原理是什么？

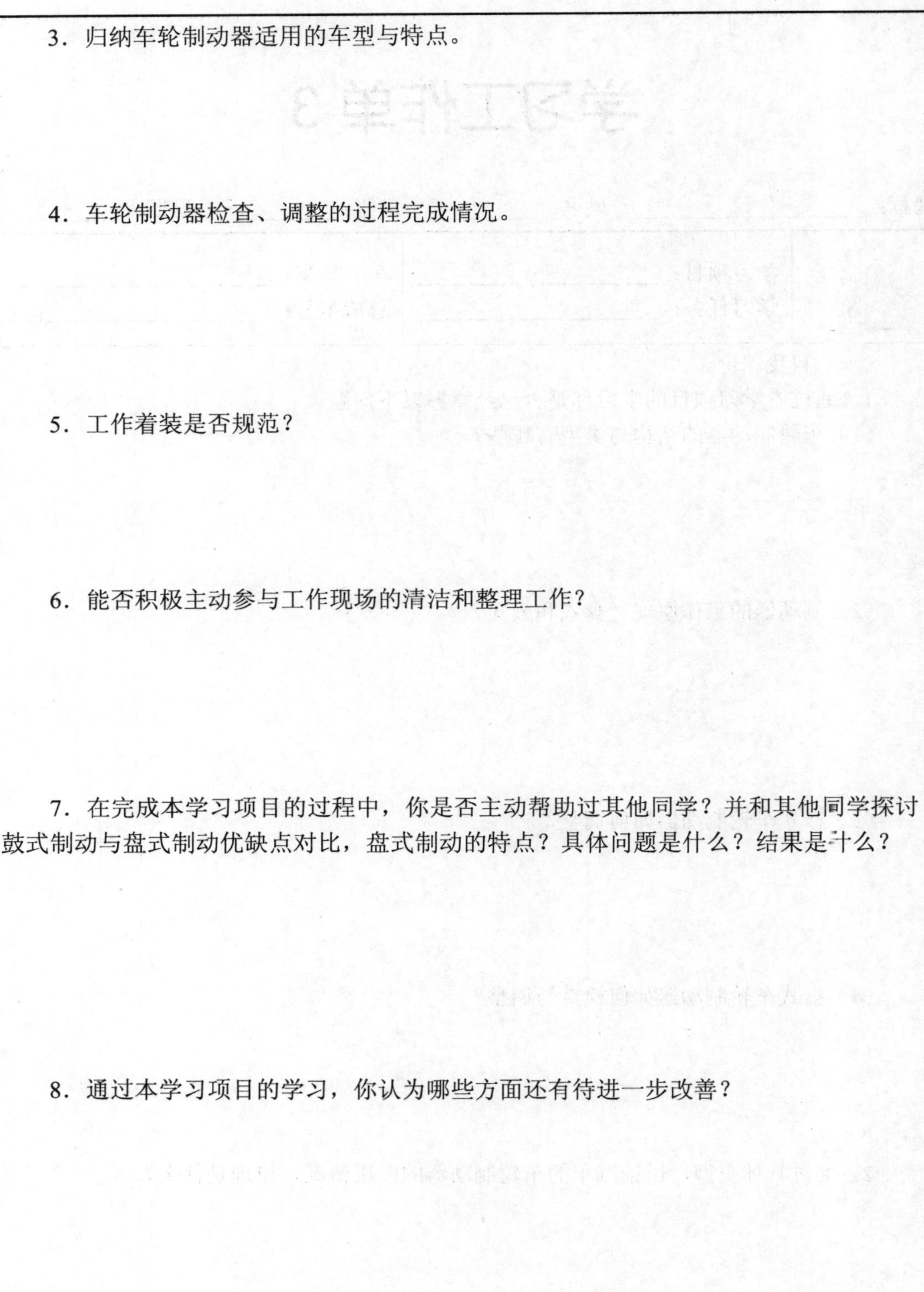

3．归纳车轮制动器适用的车型与特点。

4．车轮制动器检查、调整的过程完成情况。

5．工作着装是否规范？

6．能否积极主动参与工作现场的清洁和整理工作？

7．在完成本学习项目的过程中，你是否主动帮助过其他同学？并和其他同学探讨鼓式制动与盘式制动优缺点对比，盘式制动的特点？具体问题是什么？结果是什么？

8．通过本学习项目的学习，你认为哪些方面还有待进一步改善？

（二）小组评价

序号	评价项目	评价情况
1	学习态度是否积极主动	
2	是否服从教学安排	
3	是否达到全勤	
4	着装是否符合要求	
5	是否合理规范地使用仪器和设备	
6	是否按照安全和规范的规程操作	
7	是否遵守学习、实训场地的规章制度	
8	是否积极主动地和他人合作、探讨问题	
9	是否能保持学习、实训场地整洁	
10	团结协作情况	

参与评价的同学签名：______________________ ____年___月___日

（三）教师评价:____。

教师签名：__________ _____年____月____日

学习工作单 4

课程：________ 姓名：________ 班级：________ 日期：________

	学习项目：________ 学习任务：________	车　　型：________ 总成型号：________

（一）自我评价

1．通过本学习项目的学习你是否已经掌握以下问题：

（1）制动摩擦片更换的原因？

（2）制动摩擦片有哪些种类？

（3）制动摩擦片采用什么材料？

（4）制动摩擦片更换的步骤？

2．通过制动摩擦片的更换，是否掌握了制动间隙调整的原理？

3．归纳盘式制动器与鼓式制动器摩擦片更换的区别。

4．通过本项目的学习，是否掌握项目的实施情况。

5．工作着装是否规范？

6．能否积极主动参与工作现场的清洁和整理工作？

7．在完成本学习项目的过程中，你是否主动帮助过其他同学？并和其他同学探讨盘式制动器与鼓式制动器摩擦片的更换等问题？具体问题是什么？结果是什么？

8．通过本学习项目的学习，你认为哪些方面还有待进一步改善？

（二）小组评价

序号	评价项目	评价情况
1	学习态度是否积极主动	
2	是否服从教学安排	
3	是否达到全勤	
4	着装是否符合要求	
5	是否合理规范地使用仪器和设备	
6	是否按照安全和规范的规程操作	
7	是否遵守学习、实训场地的规章制度	
8	是否积极主动地和他人合作、探讨问题	
9	是否能保持学习、实训场地整洁	
10	团结协作情况	

参与评价的同学签名：________________________ ____年___月___日

（三）教师评价:____

____。

教师签名：__________ _____年____月____日

学习工作单 5

课程：＿＿＿＿＿＿＿＿ 姓名：＿＿＿＿＿ 班级：＿＿＿＿＿ 日期：＿＿＿＿＿

	学习项目：＿＿＿＿＿＿＿＿ 学习任务：＿＿＿＿＿＿＿＿	车　　型：＿＿＿＿＿＿＿＿ 总成型号：＿＿＿＿＿＿＿＿

（一）自我评价

1．通过本学习项目的学习你是否已经掌握以下问题：

（1）检查鼓式盘式车轮制动器的重要性是什么？

（2）如何检查制动盘和鼓的磨损与工作情况？

（3）制动器的拆装步骤如何？

（4）制动性能如何进行试验？

2．归纳制动性能检测指标与试验方法。

3．通过本项目的学习，是否掌握任务的实施情况。

4．工作着装是否规范？

5．能否积极主动参与工作现场的清洁和整理工作？

6．在完成本学习项目的过程中，你是否主动帮助过其他同学？并和其他同学探讨制动检测的其他确实可行的方法？具体问题是什么？结果是什么？

7．通过本学习项目的学习，你认为哪些方面还有待进一步改善？

（二）小组评价

序号	评价项目	评价情况
1	学习态度是否积极主动	
2	是否服从教学安排	
3	是否达到全勤	
4	着装是否符合要求	
5	是否合理规范地使用仪器和设备	
6	是否按照安全和规范的规程操作	
7	是否遵守学习、实训场地的规章制度	
8	是否积极主动地和他人合作、探讨问题	
9	是否能保持学习、实训场地整洁	
10	团结协作情况	

参与评价的同学签名：____________________ ____年___月___日

（三）教师评价:____

____。

教师签名：____________ _____年____月____日

学习工作单 6

课程：＿＿＿＿＿＿＿＿ 姓名：＿＿＿＿＿ 班级：＿＿＿＿＿ 日期：＿＿＿＿＿

	学习项目：＿＿＿＿＿＿＿＿ 学习任务：＿＿＿＿＿＿＿＿	车　　型：＿＿＿＿＿＿＿＿ 总成型号：＿＿＿＿＿＿＿＿

（一）自我评价

1．通过本学习项目的学习你是否已经掌握以下问题：

（1）制动总泵、制动分泵的结构与工作原理？

（2）制动助力器的结构与工作原理？

（3）制动力分配调节装置的结构与工作原理？

（4）盘式车轮制动器如何检查与调整？

2．制动总泵拆卸与安装中空气的排除步骤？

3 检查、更换制动助力器、制动分泵、总泵操作步骤。

4. 通过本次项目的实施，对任务的掌握情况总结。

5. 工作着装是否规范？

6. 能否积极主动参与工作现场的清洁和整理工作？

7. 在完成本学习项目的过程中，你是否主动帮助过其他同学？并和其他同学探讨制动助力器与制动力分配调节阀的工作原理？具体问题是什么？结果是什么？

8. 通过本学习项目的学习，你认为哪些方面还有待进一步改善？

（二）小组评价

序号	评价项目	评价情况
1	学习态度是否积极主动	
2	是否服从教学安排	
3	是否达到全勤	
4	着装是否符合要求	
5	是否合理规范地使用仪器和设备	
6	是否按照安全和规范的规程操作	
7	是否遵守学习、实训场地的规章制度	
8	是否积极主动地和他人合作、探讨问题	
9	是否能保持学习、实训场地整洁	
10	团结协作情况	

参与评价的同学签名：______________________________ ____年___月___日

（三）教师评价:____

____。

教师签名：_____________ _____年____月____日

学习工作单 7

课程：__________ 姓名：________ 班级：________ 日期：________

	学习项目：__________ 学习任务：__________	车　　型：__________ 总成型号：__________

（一）自我评价

1．通过本学习项目的学习你是否已经掌握以下问题：

（1）ABS 组成、ABS 轮速传感器结构与工作原理?

（2）轮速传感器的常规数据是多少？

（3）ABS 轮速传感器性能如何检查？

2．通过具体车型，讨论汽车的制动与驱动电控系统应用情况，控制原理是什么？

3．归纳 ABS 轮速传感器有何特点与其他轮速传感器的区别。

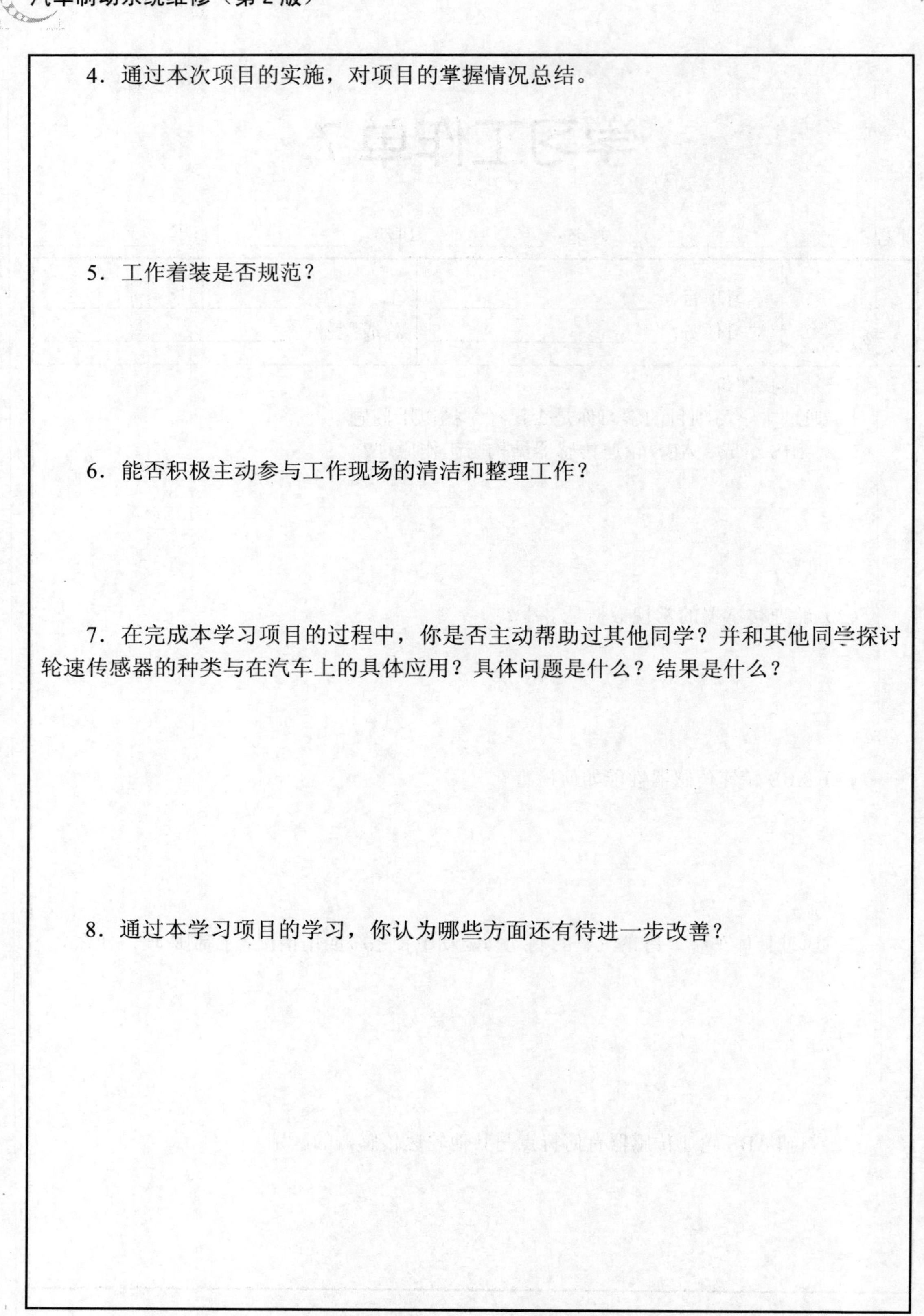

4．通过本次项目的实施，对项目的掌握情况总结。

5．工作着装是否规范？

6．能否积极主动参与工作现场的清洁和整理工作？

7．在完成本学习项目的过程中，你是否主动帮助过其他同学？并和其他同学探讨轮速传感器的种类与在汽车上的具体应用？具体问题是什么？结果是什么？

8．通过本学习项目的学习，你认为哪些方面还有待进一步改善？

（二）小组评价

序号	评价项目	评价情况
1	学习态度是否积极主动	
2	是否服从教学安排	
3	是否达到全勤	
4	着装是否符合要求	
5	是否合理规范地使用仪器和设备	
6	是否按照安全和规范的规程操作	
7	是否遵守学习、实训场地的规章制度	
8	是否积极主动地和他人合作、探讨问题	
9	是否能保持学习、实训场地整洁	
10	团结协作情况	

参与评价的同学签名：________________________________　　____年___月___日

（三）教师评价：____

____。

教师签名：______________　　_____年____月____日

学习工作单 8

课程：__________ 姓名：__________ 班级：__________ 日期：__________

	学习项目：__________ 学习任务：__________	车　　型：__________ 总成型号：__________

（一）自我评价

1．通过本学习项目的学习你是否已经掌握以下问题：

（1）制动系统常见故障现象的认识？

（2）制动系统常见故障的原因分析？

（3）制动系统常见故障诊断流程？

2．通过具体车型，讨论汽车的制动系统常见故障的诊断与分析原理是什么？

3．归纳某一种常见故障的诊断特点与思路。

4. 通过本次项目的实施，对项目的掌握情况总结。

5. 工作着装是否规范？

6. 能否积极主动参与工作现场的清洁和整理工作？

7. 在完成本学习项目的过程中，你是否主动帮助过其他同学？并和其他同学探讨制动系统故障的形成原因与特点？具体问题是什么？结果是什么？

8. 通过本学习项目的学习，你认为哪些方面还有待进一步改善？

（二）小组评价

序号	评价项目	评价情况
1	学习态度是否积极主动	
2	是否服从教学安排	
3	是否达到全勤	
4	着装是否符合要求	
5	是否合理规范地使用仪器和设备	
6	是否按照安全和规范的规程操作	
7	是否遵守学习、实训场地的规章制度	
8	是否积极主动地和他人合作、探讨问题	
9	是否能保持学习、实训场地整洁	
10	团结协作情况	

参与评价的同学签名：____________________ ____年___月___日

（三）教师评价:____。

教师签名：____________ ____年____月____日

学习工作单 9

课程：__________ 姓名：________ 班级：________ 日期：________

	学习项目：________ 学习任务：________	车　　型：________ 总成型号：________

（一）自我评价

1．通过本学习项目的学习你是否已经掌握以下问题：

（1）ABS 的正常工作特性与故障时典型特征的区别？

（2）ABS 故障的初步检查？

（3）ABS 的常见故障诊断与排除方法？

（4）如何来用仪器进行 ABS 故障诊断？

2．通过具体车型，讨论 ABS 故障检查与诊断的应用情况？

3．归纳 ABS 故障诊断的方法与步骤。

4．通过本次项目的实施，对项目的掌握情况总结。

5．工作着装是否规范？

6．能否积极主动参与工作现场的清洁和整理工作？

7．在完成本学习项目的过程中，你是否主动帮助过其他同学？并和其他同学探讨 ABS 控制系统与其他电子控制系统的故障诊断区别？具体问题是什么？结果是什么？

8．通过本学习项目的学习，你认为哪些方面还有待进一步改善？

（二）小组评价

序号	评价项目	评价情况
1	学习态度是否积极主动	
2	是否服从教学安排	
3	是否达到全勤	
4	着装是否符合要求	
5	是否合理规范地使用仪器和设备	
6	是否按照安全和规范的规程操作	
7	是否遵守学习、实训场地的规章制度	
8	是否积极主动地和他人合作、探讨问题	
9	是否能保持学习、实训场地整洁	
10	团结协作情况	

参与评价的同学签名：________________________ ____年___月___日

（三）教师评价:____

____。

教师签名：__________ _____年____月____日

学习工作单 10

课程：________ 姓名：________ 班级：________ 日期：________

	学习项目：________ 学习任务：________	车　型：________ 总成型号：________

图书在版编目（CIP）数据

汽车制动系统维修 / 屠卫星主编. —2 版. —北京：国防工业出版社，2017.2 重印

“十二五”职业教育国家规划教材

ISBN 978-7-118-09995-9

Ⅰ. ①汽… Ⅱ. ①屠… Ⅲ. ①汽车－制动装置－车辆修理－高等职业教育－教材 Ⅳ. ①U472.41

中国版本图书馆 CIP 数据核字(2015)第 019842 号

※

国防工业出版社 出版发行

（北京市海淀区紫竹院南路 23 号 邮政编码 100048）

三河市众誉天成印务有限公司印刷

新华书店经售

*

开本 787×1092 1/16 **印张** 2 **字数** 43 千字

2017 年 2 月第 2 版第 2 次印刷 **印数** 3001—4500 册 **总定价** 33.00 元 教材 28.00元 / 工作单 5.00元

（本书如有印装错误，我社负责调换）

国防书店：(010)88540777 发行邮购：(010)88540776

发行传真：(010)88540755 发行业务：(010)88540717

定价：33.00 元 教本：28.00 元 工作单：5.00 元

“十二五”职业教育国家规划教材
经全国职业教育教材审定委员会审定

UTO
MOBILE

汽车制动系统维修（第2版）

QICHE ZHIDONG XITONG WEIXIU

主　编　屠卫星

“项目导向任务驱动教材”教学资源库
http://www.ndip.cn

国防工業出版社
National Defense Industry Press